O EURO

Conselho Editorial

Alcino Leite Neto
Ana Lucia Busch
Antônio Manuel Teixeira Mendes
Arthur Nestrovski
Carlos Heitor Cony
Contardo Calligaris
Marcelo Coelho
Marcelo Leite
Otavio Frias Filho
Paula Cesarino Costa

FOLHA
EXPLICA

O EURO

SILVIA BITTENCOURT

PubliFolha

© 2002 Publifolha – Divisão de Publicações da Empresa Folha da Manhã Ltda.
© 2002 Silvia Bittencourt

Todos os direitos reservados. Nenhuma parte desta publicação pode ser reproduzida, arquivada ou transmitida de nenhuma forma ou por nenhum meio sem permissão expressa e por escrito da Publifolha – Divisão de Publicações da Empresa Folha da Manhã Ltda.

Editor
Arthur Nestrovski

Assistência editorial
Paulo Nascimento Verano
Marcelo Ferlin Assami

Projeto gráfico
Silvia Ribeiro

Assistência de produção gráfica
Soraia Pauli Scarpa

Revisão
Mário Vilela e Luciana Lima

Ilustração
Mário Kanno

Editoração Eletrônica
Picture

Dados internacionais de Catalogação na Publicação (CIP)
(Câmara Brasileira do Livro, SP, Brasil)

Bittencourt, Silvia
  O euro / Silvia Bittencourt. – São Paulo : Publifolha, 2002. – (Folha explica)

  Bibliografia.
  ISBN 978-85-7402-377-9

  1. Euro 2. Moeda – Países da União Européia I. Título. II. Série.

02-2251   CDD-332.494

Índices para catálogo sistemático:
1. Euro : Países da União Europeia : Política monetária : Economia   332.494

$2^{\underline{a}}$ reimpressão

A grafia deste livro segue as regras do **Novo Acordo Ortográfico da Língua Portuguesa.**

PUBLIFOLHA

Divisão de Publicações do Grupo Folha

Al. Barão de Limeira, 401, 6º andar, CEP 01202-900, São Paulo, SP
Tel.: (11) 3224-2186/2187/2197
www.publifolha.com.br

SUMÁRIO

INTRODUÇÃO
O EURO, UM PROJETO INÉDITO 7

1. HISTÓRICO
DE CHURCHILL A DELORS 13

2. O TRATADO DE MAASTRICHT 27

3. CHANCES E RISCOS
EUROENTUSIASTAS X EUROCÉTICOS 41

4. MODO DE USAR 55

CONCLUSÃO
O FUTURO 61

APÊNDICE
MAPA E GRÁFICOS 69

BIBLIOGRAFIA E SITES 77

Meus agradecimentos vão para os economistas Manfred Nitsch e Horst Tomann, da Universidade Livre de Berlim, pela orientação bibliográfica; para Arthur Nestrovski, pelas sugestões dadas antes e durante a produção do livro; para Gustavo Santos Patú, Victor do Prado e Karl-Heinz Stecher, pelos comentários que só poderiam vir de "especialistas"; finalmente, para Andreas Draguhn, pelas observações que só poderiam vir de um leigo.

S.B.

INTRODUÇÃO
O EURO, UM PROJETO INÉDITO

Desde 1º de janeiro de 2002, o euro, a nova moeda comum europeia, deixou de ser virtual para tornar-se realidade. Três anos depois de ter sido introduzido no mercado financeiro, na condição de moeda abstrata, o euro chegou, finalmente, ao bolso dos consumidores, circulando em 12 países da União Europeia: Alemanha, Áustria, Bélgica, Espanha, Finlândia, França, Grécia, Holanda, Irlanda, Itália, Luxemburgo e Portugal, reunidos na chamada zona do euro, ou "Eurolândia". A Dinamarca, a Grã-Bretanha e a Suécia – que, junto com os países da zona do euro, formam a União Europeia (UE) – decidiram ficar de fora da união monetária, mantendo suas moedas nacionais.

Na maior troca monetária já realizada na história, o euro substituiu 12 moedas, tornando-se o meio de pagamento oficial daqueles países. Isso significa que, passado o período de dupla circulação, 12 moedas europeias deixaram de existir; é o caso, por exemplo, do marco alemão, uma das moedas mais estáveis do mundo; assim como da dracma grega, cujo nome tem suas origens no século 6 a.C.

A Europa já havia vivido, nos séculos passados, várias uniões monetárias. Em 1863, por exemplo, Napoleão III criou a chamada União Monetária Latina (entre França, Bélgica, Suíça e Itália), visando estender a hegemonia francesa no continente. Bem mais recente é a união monetária da Alemanha, realizada nas vésperas da Reunificação, em 1990, quando a então socialista Alemanha Oriental, um país falido, passou a adotar o forte marco alemão-ocidental.

O projeto euro, porém, é uma experiência inédita, "talvez a mais ousada da história econômica dos povos", como definiu a professora Diva Benevides Pinho.[1] Nunca uma união monetária reuniu tantos países. Além disso, ela acontece como resultado não de uma crise econômica, mas de um processo sistematizado (e pacífico) de integração da Europa.

Aliás, como insistem os "euroespecialistas", o projeto euro não deve ser considerado uma reforma monetária – esta resultaria de uma crise econômica, na qual uma moeda nacional perde seu valor e, por isso, é substituída por outra (as inúmeras trocas monetárias realizadas no Brasil, nas décadas passadas, servem bem de exemplo para essa definição). No caso atual da Europa, porém, trata-se de uma união monetária, na qual as moedas nacionais foram simplesmente convertidas em euro, não pressupondo perdas no poder de compra, nos salários nem nas economias dos cidadãos.

---

[1] Diva Benevides Pinho, "Euro Versus Dólar... E o Real?". Em: *Informações Fipe*, 221, 1999; p. 16.

O euro é resultado de um longo processo de integração política e econômica da Europa. Esse processo enfrentou várias crises, provocadas, entre outras coisas, pelas políticas divergentes dos países europeus e por uma opinião pública insegura. Mesmo no final do ano passado, por exemplo, nas vésperas de ter o euro dentro da carteira, a maioria dos alemães declarava-se contra a nova moeda comum – o que era compreensível, já que eles foram obrigados a abdicar do marco, o maior símbolo da prosperidade do país, por uma moeda de futuro incerto.

Na visão dos idealizadores do euro, entretanto, a introdução de uma moeda única trará grandes vantagens para a Europa, que há anos conta com um dos maiores mercados comuns do mundo, onde pessoas, bens e serviços circulam sem obstáculos. Agora, o euro facilitará e tornará menos custosas as transações comerciais e financeiras dentro da Eurolândia. Além disso, os "euroentusiastas" acreditam que a nova moeda fomentará a integração política do continente.

Os países de fora, como o Brasil – que, aliás, tem a União Europeia como principal parceiro comercial –, também poderão sair ganhando com o euro. Caso se imponha no mercado internacional, o euro se tornará outra moeda de referência além do dólar americano e do iene japonês, servindo como nova opção para as transações comerciais e financeiras. Além disso, a união monetária europeia poderá "inspirar" outros mercados comuns, como o Mercosul, a adotar uma moeda única, como já sugerem alguns estudos a respeito.

O euro, porém, contou não apenas com entusiastas, mas também com opositores, principalmente entre os economistas. Eles consideram as economias europeias heterogêneas demais para adotarem uma moeda única e alertam para o fato de esta ter sido introduzida sem a existência de um poder central. Os "eurocéticos" também criticam os altos custos relacionados ao projeto: a introdução do euro exigiu, por exemplo, a conversão de milhões de máquinas automáticas do continente e a eliminação de toneladas de notas e moedas antigas, que, em parte, acabarão como sucata.

Por um lado, a opinião pública europeia sentiu-se alheia às decisões que levaram à introdução do euro, alegando, em várias pesquisas, desconhecimento sobre a nova moeda única e suas consequências. Por outro, nunca um tema econômico mobilizou tanto os intelectuais europeus, das mais diferentes áreas. "A introdução do euro é tão natural quanto adotarmos uma moeda vinda de Marte", ataca o escritor espanhol Manuel Vázquez Montalbán. "O euro não é uma moeda sem alma", defende o escritor italiano Claudio Magris. "É simplesmente jovem." [2]

Este livro apresentará ao leitor a história do euro e da integração econômica europeia (capítulo 1), destacando o Tratado de Maastricht (capítulo 2), que oficializou a união monetária. Explicará não só as vantagens e eventuais desvantagens da nova moeda única, mas também a polêmica que ela deflagrou (capítulo 3). O capítulo 4 dará um "serviço" sobre o euro, descrevendo as novas cédulas e moedas e explicando o cálculo para a conversão. A conclusão fará um curto balanço sobre os três primeiros anos do euro no mercado financeiro, assim como tratará da eventual ampliação da UE e da Eurolândia para os países da Europa central e oriental.

---

[2] Declarações tiradas de uma coletânea de textos de escritores europeus, na qual eles se despedem de suas antigas moedas nacionais: Uwe Wittstock (Hrg.), *Ade, Ihr Schönen Scheine – Europäische Schriftsteller Nehmen Abschied von Ihren Währungen*. München: Deutscher Taschenbuch Verlag, 2001; p. 23 e 57.

1. HISTÓRICO
DE CHURCHILL A DELORS

O euro é um projeto político, fruto de uma série de negociações, resoluções, protocolos e tratados, que marcaram os mais de 50 anos de história da integração europeia. Para entender o euro, é preciso voltar às origens da União Europeia.

Já em setembro de 1946, quando o continente ainda se encontrava devastado pela Segunda Guerra Mundial, o ex-premiê britânico Winston Churchill fez um apelo em prol da criação de uma espécie de "Estados Unidos da Europa". Foi com o célebre "discurso de Zurique" que Churchill (na época, militando na oposição) se tornou expoente de um movimento que reunia políticos, pacifistas e membros da Resistência que, desde o final da guerra, vinham pregando uma união dos países europeus, inclusive da Alemanha. Naquele momento, apesar das feridas ainda abertas, era unânime a necessidade de cooperação, principalmente na área econômica. Também era consenso que França e Alemanha, por séculos grandes adversários políticos, deveriam desempenhar papel fundamental nesse processo de integração.

Vários países europeus já tinham manifestado a disposição de cooperar economicamente em 1944, um ano antes do fim da guerra, quando, numa conferência realizada na localidade americana de Bretton Woods, concordaram, junto com outras nações, em adotar um sistema de câmbio fixo, acoplando suas moedas ao dólar e ao ouro. Além de exigir maior coordenação e cooperação político-econômica dos 45 países participantes, o chamado "sistema de Bretton Woods" visava fomentar ao comércio internacional, reduzindo as oscilações entre as moedas. Na ocasião, foi instituído o Fundo Monetário Internacional (FMI), o "guardião" das novas regras.[3]

Terminada a guerra, o grande impulso veio com o plano de ajuda econômica elaborado pelo secretário de Estado americano, George C. Marshall. O Plano Marshall deve ser compreendido no contexto da política americana de contenção do comunismo, que se expandia no Leste Europeu. Ele previa o envio para a Europa de matérias-primas, mercadorias e capitais – um total de US$ 14 bilhões, entre 1949 e 1952 – e, para isso, exigia que os próprios europeus se organizassem no sentido de conduzir o programa. Assim, em 1948, foi criada a Organização Para a Cooperação Econômica Europeia, na qual 17 Estados estavam representados, a maioria da Europa ocidental. Precursora da atual Organização Para a Cooperação Econômica e Desenvolvimento (em inglês, a sigla é OECD), a instituição tinha como objetivos coordenar, pelos meios do Plano Marshall, o processo de reconstrução do continente, eliminar barreiras comer-

---

[3] Sobre esse assunto, ver João Sayad, *O Dólar* (série "Folha Explica"). São Paulo: Publifolha, 2001.

ciais e conduzir à estabilização das moedas nacionais, então arruinadas, tornando-as conversíveis.

Em 1950, França, Alemanha, Itália e os países unidos pelo acordo do Benelux (Bélgica, Holanda e Luxemburgo) aprovaram plano elaborado pelo ministro francês das Relações Exteriores, Robert Schuman, que colocava a indústria pesada dessas nações sob uma única autoridade. Apesar de as negociações em torno do Plano Schuman não terem sido fáceis, elas levaram no ano seguinte à criação, pelos mesmos países, da Comunidade Europeia do Carvão e do Aço (Ceca). Esta instituía, mesmo que de forma limitada, um mercado comum entre os países participantes e determinava uma política coletiva para o carvão e o aço, bens de produção importantes do ponto de vista estratégico. Pela primeira vez, seis países europeus concordavam em delegar poderes a uma autoridade superior.

OS TRATADOS DE ROMA

A criação da Ceca abriu as portas para os Tratados de Roma, que os mesmos seis países assinariam em março de 1957, instituindo duas outras organizações: a Comunidade Econômica Europeia (CEE) e a Comunidade Atômica Europeia (Euratom), ambas com sede em Bruxelas. A partir de então, três organizações (Ceca, CEE e Euratom) formariam o que passou a chamar-se Comunidade Europeia.

A Euratom tinha a função de fomentar a criação e o desenvolvimento da indústria nuclear na Comunidade. Já o principal objetivo da CEE era criar um mercado comum entre os países membros (abolindo gradualmente barreiras alfandegárias internas e introduzindo tarifas comuns para o comércio externo), assim como instituir a livre circulação de capitais e pessoas. Para isso, foram instalados vários órgãos com poderes supranacionais, como o Conselho de Ministros (órgão com poder decisório), a Comissão Europeia (órgão executivo) e o Parlamento Europeu (de início só com função consultiva), que existem até hoje.

Por trás dos Tratados de Roma, já estava a ideia de que, através da integração econômica (e, consequentemente, do crescimento econômico da região, do aumento da qualidade de vida dos europeus e da coesão entre os países membros), a Europa também estaria conduzindo adiante sua integração política, garantindo a paz na região – a mesma ideia que, futuramente, prevaleceria por trás do euro. "Considerando que, nos séculos passados, o nacionalismo levou as nações europeias a inúmeras guerras, a união dos Estados europeus significava um ato revolucionário."[4]

Devido a seus compromissos com os países da Commonwealth, a Grã-Bretanha decidiu, naquele momento, não ingressar na CEE. Outros Estados europeus, como a Áustria, também se recusaram a entrar na Comunidade, alegando neutralidade. Em 1960, entretanto, a Grã-Bretanha e a Áustria acabaram instituindo, junto com Dinamarca, Islândia, Noruega, Portugal, Suécia e Suíça, uma zona de livre comércio (Efta), que serviria como "contrabalanço" à CEE.

Os Tratados de Roma também criaram uma base para a cooperação monetária. Eles determinaram a instalação de um comitê destinado a coordenar as políticas monetárias dos Estados membros e aconselhá-los

---

[4] Wichard Woyke, *Europäische Union*. München/Wien: R. Oldenbourg Verlag, 1998; p. 27-28. (Todas as traduções de passagens citadas ao longo desse livro são de minha autoria.)

no balanço de pagamentos.[5] Apesar de cada país-membro continuar responsável por sua política monetária, os Tratados obrigaram as nações signatárias a considerá-la um tema de interesse comum.

Ainda ditadas pelo sistema de Bretton Woods, as relações entre as taxas de câmbio europeias e o dólar não enfrentaram grandes problemas nos primeiros anos da CEE. As tensões surgiram quando os europeus começaram a competir economicamente com os EUA e o dólar passou a ficar sobrevalorizado, pressionando as taxas de câmbio dos países do continente. A Comunidade viu, então, a necessidade de uma política monetária menos dependente dos EUA e de uma melhor coordenação, nesse campo, entre os países membros.

O PLANO WERNER

No final dos anos 60, as tensões no mercado de câmbio aumentaram, causadas principalmente pelas políticas monetárias divergentes dos EUA e da Europa. Além disso, apesar dos progressos feitos pela Comunidade no campo da cooperação, os desequilíbrios entre os países membros e a falta de harmonia nas políticas econômicas eram patentes.

Por essa época, em boa parte devido aos antagonismos entre França e Alemanha, o processo de integração europeia tornou-se mais lento. "A Europa passou a sofrer de euroesclerose. Entretanto, quando

---

[5] Balanço de pagamentos: registro sistemático, em determinado período, de todas as transações econômicas de um país com o resto do mundo. Do balanço de pagamentos são tiradas informações importantes sobre a evolução das transações efetuadas por um país, seu entrelaçamento com o exterior e seu grau de inclusão na economia mundial. Dessa forma, também é pelo balanço de pagamentos que os responsáveis pela política econômica de uma nação se orientam.

viram a instabilidade dos mercados financeiros crescer, constataram, mais uma vez, que unir o fronte era a melhor forma de combater problemas comuns."[6]

Nesse contexto, o premiê Pierre Werner, de Luxemburgo, elaborou em 1970 um plano de união econômica e monetária, prevista para acontecer em etapas, num período de dez anos. O Plano Werner já defendia (como faria o Tratado de Maastricht 20 anos depois!) a convergência da política orçamentária e fiscal dos países membros. Propunha, entre outras coisas, a criação de um banco central comum, responsável pela política monetária de toda a Comunidade. Para a última etapa, finalmente, previa a livre circulação de capitais, a fixação irrevogável das taxas de câmbio e a introdução de uma moeda comum.

Apesar das divergências entre a Alemanha e a França (que temia a dominação crescente do marco alemão sobre as moedas europeias), o Plano Werner chegou a ser aprovado em 1971 pelo Conselho da CEE. Os tumultuados anos 70, porém, marcados pela dissolução do sistema de Bretton Woods, pela queda do dólar e pela crise do petróleo, acabaram levando ao fracasso dessa que foi a primeira tentativa de união monetária entre os países da Comunidade.

A SERPENTE

No início dos anos 70, os EUA enfrentavam as consequências econômicas dos conflitos no Vietnã (como o

---

[6] Paul Cavelaars e Gerrit van den Dool, "European Monetary Cooperation: from Rome to Maastricht". Em: Peter A. G. van Bergeijk, Ron J. Berndsen e W. Jos Jansen (eds.), *The Economics of the Euro Area – Macroeconomic Policy and Institutions*. Cheltenham/Northampton: Edward Elgar, 2000; p. 26.

déficit no balanço de pagamentos), e as tensões no mercado financeiro aumentavam. Em agosto de 1971, o então presidente americano, Richard Nixon, suspendeu a conversibilidade do dólar em ouro. Dois anos depois, todas as moedas até então acopladas ao dólar passaram a adotar o câmbio livre, pondo fim ao sistema de Bretton Woods.

Os países que antes formavam o sistema decidiram, então, adotar um sistema de bandas cambiais bilaterais, definindo uma faixa de +/-2,25% para a variação do preço das moedas em relação ao dólar. Nascia, assim, a chamada "serpente monetária". Esse sistema de bandas cambiais, porém, permitia *realignments* (ajustes) de +/-4,5% entre as moedas europeias. Para cada moeda europeia participante da serpente, foram fixados pontos de intervenção para cima e para baixo, sendo o respectivo banco central obrigado a intervir com o objetivo de manter a moeda dentro da faixa estabelecida.

Em 1973, Grã-Bretanha, Dinamarca e Irlanda ingressaram na CEE e passaram a participar do arranjo da serpente. A crise do petróleo, entretanto, atingindo um país atrás do outro, só fez aumentar a recessão, a inflação e o desemprego nas nações pertencentes à Comunidade, mantendo as tensões no mercado financeiro. Várias moedas deixavam a serpente, para depois nela ingressarem de novo.

"A serpente teve uma história agitada. Durante os seus menos de sete anos de vida, o número de países dela participantes variou de 11 a seis, havendo nove *realignments*, muitos deles envolvendo várias moedas."[7]

Mais uma vez, então, tornavam-se necessárias novas medidas de cooperação no campo monetário. Por

---

[7] Horst Ungerer, *A Concise History of European Monetary Integration*. Westport/London: Quorum, 1997; p. 128.

iniciativa do premiê alemão, Helmut Schmidt, e do presidente francês, Giscard d'Estaing, foi instalado em março de 1979 o Sistema Monetário Europeu (SME).

O SME

O principal objetivo do Sistema Monetário Europeu era assegurar a estabilidade das moedas e das taxas de câmbio do continente. A longo prazo, visava assegurar a estabilidade dos preços e promover maior convergência nas políticas econômicas, o que daria mais confiança aos consumidores, fomentando a demanda. Além disso, através da instituição na Comunidade de uma zona monetária estável, o processo de integração também seria incentivado.

A base do SME era a nova unidade monetária europeia, a ECU (*European Currency Unit*), uma moeda artificial, não adquirida nos caixas dos bancos. Seu valor era calculado diariamente com base nas taxas de câmbio e na importância econômica de cada moeda participante do sistema, segundo o princípio da "cesta monetária": cada moeda detém uma porção da cesta, calculada a partir do PIB (produto interno bruto)[8] e do comércio externo. A ECU servia, assim, como medida de cálculo e de referência para os mecanismos de câmbio e de intervenção.

O SME só permitia oscilações das moedas participantes dentro de bandas cambiais, variando no má-

---

[8] Produto interno bruto é o valor de todos os bens e serviços produzidos num país durante determinado período. É a medida mais usada internacionalmente para avaliar a performance econômica de um país.

ximo 2,25% para cima e para baixo. Para a lira italiana (e, mais tarde, para o escudo português, a peseta espanhola e a libra esterlina), foi fixada a faixa de +/-6%.

Por tratar-se de um sistema de câmbio fixo que admitia ajustes, o SME conseguiu criar na região formada pela CEE uma zona de relativa estabilidade e disciplina monetária. Em 1993, porém, turbulências no mercado de câmbio levaram à desvalorização ou à saída de algumas moedas do sistema. O SME enfrentava sua maior crise, e o marco alemão assumia, ainda mais, as funções de moeda-âncora.[9]

Para evitar um agravamento da crise, as bandas cambiais foram ampliadas para +/-15%, o que levou, finalmente, à estabilização das taxas de câmbio. O SME existiria até 1º de janeiro de 1999, quando o euro, na condição de moeda comum, substituiu a ECU no mercado financeiro. Usando as palavras de um jornalista do *Financial Times*, o SME serviu como uma espécie de plataforma, ou "campo de pouso",[10] onde se prepararia a união monetária.

AMPLIAÇÃO

No dia 1º de janeiro de 1981, a Grécia tornou-se o décimo país membro da CEE, iniciando a segunda rodada do processo de ampliação da Comunidade

---

[9] Por "âncora", entende-se uma moeda nacional forte, sobre a qual outros países definem suas taxas de câmbio. O marco alemão, por exemplo, foi durante muitos anos a moeda-âncora do Sistema Monetário Europeu, servindo como referência para a política de estabilização de preços de vários países.

[10] Lionel Barber, "The Euro Has Landed". Em: "The *Financial Times* Guide to the Euro", *Financial Times*, 15/11/2001; p. 2.

Europeia. Depois de vários anos de negociação, Portugal e Espanha também acabaram sendo, em 1986, admitidos no grupo.

O ingresso dos três países meridionais na Comunidade significava, politicamente, um avanço para todos os envolvidos. Por um lado, era mais um passo para o fortalecimento da democracia naqueles três Estados, abalados por décadas de ditadura. Por outro, fortalecia a própria Comunidade, que agora se estendia ainda mais na região sul do continente e passava a contar com o dobro do número de países membros que tinha em sua criação.

Do ponto de vista econômico, porém, a ampliação da CEE trouxe problemas. Enquanto a Comunidade Europeia tinha caráter nitidamente industrial, Grécia, Portugal e Espanha eram países agrários. Seus produtos passaram a concorrer com os da França e Itália, que até então supriam suficientemente a Comunidade. Além disso, o desemprego nos países ibéricos estava acima do índice da CEE, impelindo trabalhadores portugueses e espanhóis para os países centrais da Comunidade.

Nos anos 80, então, os europeus não se debatiam apenas com questões monetárias. Reformas na política agrária e nos chamados "fundos estruturais"[11] da Comunidade também se tornavam urgentes. Nesse contexto, os 12 membros da CEE assinaram, em 1986, o Ato Único Europeu (em inglês, *European Single Act*, ou ESA), uma espécie de tratado que visava, entre outras coisas, acelerar o processo de conclusão do mercado comum. Além disso, pela primeira vez um

---

[11] Os fundos estruturais eram instrumentos da política regional da Comunidade Europeia, tendo por objetivo reduzir as diferenças no desenvolvimento das regiões e o atraso das menos favorecidas, contribuindo para o fortalecimento da coesão econômica e social dentro da Comunidade.

documento da CEE considerava objetivo comum a "coesão econômica e social" dos países da Comunidade, significando, por isso, mais um passo para a integração europeia.

O RELATÓRIO DELORS

A criação do Sistema Monetário Europeu não conseguiu, de início, eliminar as diferenças nas políticas econômicas da França e da Alemanha, motores da Comunidade. Enquanto a França adotava uma política monetária expansiva – baseada na emissão de dinheiro e nos juros baixos –, a Alemanha seguia uma política mais restritiva, priorizando a estabilidade de preços. Em 1983, porém, a França deu uma guinada em sua política e passou a buscar uma taxa de câmbio estável entre o franco e o marco alemão.

A disparada do dólar na metade dos anos 80 tornou necessárias novas medidas de cooperação. Foi quando o então ministro das Finanças da França, Jacques Delors, passou a defender a união econômica e monetária europeia (Ueme). Em 1989, na condição de presidente da Comissão Europeia e de um comitê instalado para estudar o assunto, Delors detalhou seu projeto de integração econômica num relatório que acabou levando seu nome (o *Delors Report*, ou *Relatório Delors*).[12]

O plano de Delors apresentava propostas concretas para a Ueme, que seria realizada em três fases. Até o

---

[12] Committee for the Study of Economic and Monetary Union, *Report on Economic and Monetary Union in the European Community*. Luxemburgo: Serviço das Publicações Oficiais das Comunidades Européias, 1989.

final da primeira fase, as políticas econômicas e monetárias deveriam estar sintonizadas, e a liberalização da circulação de capitais estaria completa. Na segunda fase, seriam criadas as instituições necessárias para a integração, sobretudo um "sistema de bancos centrais europeus". Na terceira e última fase, a Ueme seria concluída, através da fixação irrevogável das taxas de conversão. O processo, previa Delors, levaria cerca de dez anos – e, para sua realização, seria necessário mudanças nos tratados que instituíam a Comunidade.

O *Relatório Delors* fora publicado em abril de 1989, poucos meses antes da Queda do Muro de Berlim e da derrocada dos regimes comunistas do Leste Europeu. A iminente reunificação da Alemanha levou o então premiê Helmut Kohl e o presidente da França, François Mitterrand, a irem além no plano de Delors, sugerindo a rápida transformação da CEE numa União Europeia. Com essa proposta, a França visava à rápida inclusão de uma Alemanha fortalecida no processo de integração europeia. Além disso, na visão dos dois líderes, a integração política tornaria mais eficientes as instituições da Comunidade, que também passaria a adotar uma política externa e uma política de segurança comuns.

Vários aspectos do *Relatório Delors* acabariam, dois anos depois, ficando de fora do Tratado de Maastricht, que oficializou a Ueme. Aprovado pelo Conselho da Comunidade, entretanto, o documento preparou o terreno para a integração europeia de forma decisiva. Delors entraria na história como um dos mentores do euro. Maastricht seria a pedra fundamental.

2. O TRATADO DE MAASTRICHT

Em dezembro de 1991, os chefes de governo e de Estado dos 12 países membros da CEE aprovaram, na cidade holandesa de Maastricht, o Tratado Sobre a Criação da União Europeia. O documento, que acabou sendo assinado dois meses depois e chamado Tratado de Maastricht, ou simplesmente Maastricht, trazia novas diretrizes para o processo de integração econômica e política da Comunidade. Ele entraria em vigor só em novembro de 1993, depois de ter enfrentado uma opinião pública avessa ao processo (só na Dinamarca, houve naquela época dois referendos sobre Maastricht) e, finalmente, ter sido ratificado por todos os Estados membros.

Resultado de intensas negociações que marcaram os anos seguintes à divulgação do *Relatório Delors*, Maastricht altera os antigos tratados que originaram a Comunidade – que agora passa a chamar-se União Europeia (UE) – e acrescenta uma série de artigos sobre as políticas comuns para as relações exteriores e a defesa, assim como para os assuntos internos e judiciais. O núcleo do Tratado de Maastricht, porém, é a criação da Ueme, a união econômica e monetária europeia.

AS TRÊS FASES

O Tratado de Maastricht previa três fases para a realização da Ueme:

• Na primeira fase – que se iniciou em 1990, tendo como base o *Relatório Delors*, e se encerraria em dezembro de 1993 –, deveriam ser criadas as precondições para o funcionamento da Ueme, mediante a plena liberalização dos movimentos de capitais e a estreita coordenação das políticas econômicas.

• A segunda fase, até janeiro de 1999, visaria à preparação institucional da Ueme, através da fundação de um Instituto Monetário Europeu (IME), precursor do futuro Banco Central Europeu (BCE). Os bancos centrais nacionais deveriam tornar-se independentes de seus respectivos governos e ser proibidos de financiar os déficits públicos de seus países. A política econômica e financeira dos países membros também passaria a ser supervisionada pelo IME e pelo Conselho dos Ministros das Finanças da UE (em inglês, conhecido pela sigla Ecofin). Finalmente, ainda nessa fase, a convergência econômica dos países participantes deveria ser alcançada, através da obediência a uma série de critérios, que serão explicados logo adiante.

• Na terceira fase, a partir de 1º de janeiro de 1999, seria concluída a integração monetária e cambial. Os países membros da Ueme renunciariam a sua autonomia na política monetária e cambial, que passaria para a responsabilidade do chamado Sistema Europeu de Bancos Centrais, constituído do BCE e dos bancos centrais nacionais dos países membros. O euro, a nova moeda comum, seria introduzido no mercado financeiro, e as taxas de conversão das moedas nacionais para o euro seriam fixadas de forma irrevogável. Depois de uma fase de transição, necessária principalmente para a superação de problemas técnicos relativos ao câmbio, o euro seria introduzido como papel-moeda, o mais tardar, em 2002.[13]

Na ocasião, a Dinamarca e a Grã-Bretanha negociaram uma cláusula denominada *opting-out*, segundo a qual não seriam obrigadas a participar da terceira fase da Ueme até decisão final de seus governos e Parlamentos. No caso dos dois países, isso ainda não aconteceu, e eles estão hoje fora da Eurolândia. Já a Suécia está fora da regra do *opting-out*, pois o país jamais participou do Sistema Monetário Europeu, precondição para um eventual ingresso na Ueme. Como membros da Comunidade Europeia, entretanto, a Dinamarca, a Grã-Bretanha e a Suécia também se comprometeram, no Tratado de Maastricht, a cumprir os critérios de convergência.

OS CRITÉRIOS DE CONVERGÊNCIA

Definidos num dos protocolos que acompanham o Tratado de Maastricht, os "critérios de convergência" funcionaram como precondição para o ingresso na união econômica e monetária. Era uma espécie de

---

[13] Jörg M. Winterberg, "O Debate Sobre a União Econômica e Monetária Europeia". Em: *Pesquisas*, 9. São Paulo: Konrad-Adenauer-Stiftung, 1997; p. 3-4.

exame de qualificação,[14] visando levar os países participantes a certo grau de estabilidade e homogeneidade econômicas e apontar quais deles teriam formado uma base sólida para a introdução de um euro forte.

A homogeneidade econômica seria medida segundo a estabilidade do nível de preços, das taxas de câmbio, das taxas de juro e da disciplina orçamentária (ou seja, de quanto o governo gasta em relação a sua receita). Os critérios foram assim definidos:

• Cada país membro deveria registrar, no ano anterior ao exame, uma taxa média de inflação que não excedesse em mais de 1,5% a verificada nos três Estados membros com melhores resultados em termos de estabilidade de preços. A ideia, basicamente, era limitar o círculo dos países que entrariam na Eurolândia àqueles que mostrassem êxito no combate à inflação, demonstrando que dispunham de uma "cultura de estabilidade".

• No referente ao câmbio, Maastricht previa que cada Estado membro respeitasse as margens de flutuação fixadas pelo Sistema Monetário Europeu, sem grandes tensões durante pelo menos os últimos dois anos anteriores à análise dos critérios.

• Segundo o Tratado, cada país membro deveria ter registrado, a longo prazo, uma taxa nominal de juro[15] média que não excedesse em mais de 2% a verificada nos três Estados membros com melhores resultados em termos de estabilidade de preços.

• Segundo Maastricht, o déficit anual do setor público de um país membro não deveria ultrapassar

---

[14] Id., ibid., p. 7.
[15] Juro nominal é o juro cobrado sobre uma soma emprestada ou financiada sem descontar a inflação.

3% do PIB. O Tratado abria exceções, como no caso de o déficit ser ultrapassado apenas por um curto período. Além disso, o total da dívida pública não poderia passar de 60% do PIB.

O exame aconteceu em maio de 1998, quando o Conselho Europeu (formado pelos chefes de governo dos países membros da UE) definiu, com base no cumprimento dos critérios de convergência (ano-base 1997), os países aptos a adotar o euro: Alemanha, Áustria, Bélgica, Espanha, Finlândia, França, Holanda, Irlanda, Itália, Luxemburgo e Portugal.[16] Aqueles que não se qualificassem poderiam melhorar sua situação e ingressar mais tarde na Ueme (foi o caso da Grécia, admitida na Eurolândia só em 2000).

CASTIGO AOS DESOBEDIENTES

O Tratado de Maastricht também previa, em seu "Protocolo Sobre o Procedimento no Caso de Déficit Excessivo", sanções para o país que relaxasse na condução de sua política econômica, depois da entrada na Ueme. No caso de déficit excessivo, o Tratado previa para a aplicação da "pena" um processo de oito etapas (cada uma com seu prazo respectivo) e uma maioria de dois terços do Conselho de Ministros.[17] As sanções viriam na forma de multa, de depósitos compulsórios

---

[16] Comissão Europeia, *Relatório Sobre a Situação em Matéria de Convergência e Respectiva Recomendação com Vista à Passagem à Terceira Fase da UEM*. Luxemburgo: Serviço das Publicações Oficiais das Comunidades Europeias, 1998.
[17] Com sede em Bruxelas, o Conselho é formado de representantes (com *status* de ministros) dos Estados membros da UE. A composição do Conselho pode variar de acordo com a matéria que está sendo tratada em cada sessão (finanças, política agrária etc.).

ou de solicitação ao Banco Europeu de Investimentos[18] para que reconsiderasse a política de empréstimos ao país em questão.

Em nenhum momento Maastricht ameaçava os desobedientes com a expulsão da Ueme, já que tal expulsão estaria vinculada a custos altíssimos e traria graves consequências a todos os Estados participantes. Aliás, o ingresso na união monetária sempre foi considerado, no discurso de seus idealizadores, como algo definitivo, sem retorno. Por isso, então, a necessidade de cumprir os rígidos critérios de convergência antes e depois da entrada na Ueme.

O PACTO DE ESTABILIDADE

O procedimento previsto por Maastricht para as sanções, porém, logo se mostrou problemático. Em primeiro lugar, um processo de decisão sobre sanções permitiria condutas estratégicas de votação: um país à beira de um déficit excessivo poderia impedir sanções contra outro Estado, na esperança de também ser poupado numa próxima ocasião. Dessa forma, o processo de consolidação econômica ficaria desacreditado.[19]

Em segundo lugar, num processo de oito fases, seria grande demais o espaço de tempo entre a suposição de um déficit excessivo e a eventual imposição de sanções. Como o processo poderia ser interrompi-

---

[18] O principal objetivo do BEI é, através da concessão de créditos e de fiança, colaborar para o avanço de regiões menos desenvolvidas, assim como para a modernização de empresas e o fomento de projetos de interesse comum de vários Estados membros.
[19] Winterberg, op. cit.; p. 18.

do no caso de melhora da situação orçamentária, um país com déficit excessivo talvez adotasse uma série de estratégias para contornar as penalidades – "um país membro poderia especular com violações periódicas do critério de reendividamento, a cada dois anos, por exemplo, evitando regularmente sanções".[20]

Por essas falhas do processo, o então ministro das Finanças da Alemanha, Theo Waigel, apresentou em 1995 uma proposta de resolução, que levou o nome de Pacto de Estabilidade Para a Europa, contendo basicamente três elementos.

Em primeiro lugar, o déficit público anual teria como limite máximo 1% do PIB (ou, só em casos extremos, 3%). Em segundo, no caso de transgressão do limite máximo de 3%, o procedimento de sanções previsto por Maastricht deveria ser substituído por um mecanismo automático, obrigando o Estado membro em questão a consignar um depósito não-remunerado (este seria devolvido assim que o país diminuísse seu déficit para os níveis de Maastricht – caso contrário, seria convertido em multa). Finalmente, um "conselho de estabilidade" teria o poder de decidir sobre o processo.

A proposta de Waigel desencadeou um enorme debate – afinal, ela reabrira a discussão sobre um tema delicado, que já havia sido mais que debatido em Maastricht. De toda forma, a proposta levou os chefes de governo da UE a assinarem, em junho de 1997, na Cúpula de Amsterdã, um Pacto de Estabilidade e Crescimento. Os principais objetivos do documento eram manter a disciplina orçamentária dos países membros depois do ingresso na Ueme e, consequentemente, alcançar um crescimento permanente na zona do euro.

---

[20] Id., ibid.

O Pacto avançava em duas frentes, uma visando prevenir, e a outra, intimidar. A primeira previa um sistema de advertência, com a função de prevenir eventuais problemas orçamentários: todos os países (inclusive os membros da UE que não participassem da Ueme) comprometiam-se a divulgar anualmente um programa em que fizessem um balanço de sua situação orçamentária. A segunda descrevia um novo mecanismo de sanções no caso de déficit excessivo, sendo mantido o limite de 3% do PIB (este só poderia ser ultrapassado em casos excepcionais, como os de catástrofes naturais).

O Pacto não adotou todas as propostas de Waigel, mas acabou reduzindo os prazos e especificando melhor as formas de sanção estabelecidas pelo Tratado de Maastricht. Os prazos previstos para o processo de sanções se tornariam menores. No caso de ser constatado um déficit excessivo num dos participantes da Ueme, esse país deveria tomar providências para combatê-lo num prazo de quatro meses. Se o país não obedecesse a essa norma, o Ecofin decidiria pela aplicação das sanções, o que já poderia acontecer num prazo de dez meses depois de constatado o déficit. Diferentemente da proposta de Waigel, então, não haveria um mecanismo automático de sanções – para a aplicação de multas, o processo continuaria exigindo a aprovação de uma maioria de dois terços do Conselho de Ministros.

O BANCO CENTRAL EUROPEU

Foi o Tratado de Maastricht que também definiu o papel e a composição do BCE, o Banco Central Europeu. Junto com os bancos centrais nacionais dos países participantes da Ueme (como o Bundesbank, alemão, e o Banque de France), o BCE formaria o chamado Sistema Europeu dos Bancos Centrais (ESCB é a sigla em inglês), cujo objetivo principal seria manter a estabilidade dos preços na zona do euro.

O sistema, responsável pela política monetária e cambial da Comunidade, também deveria apoiar a política econômica dos países da Eurolândia no que fosse relevante para o controle da inflação na região. O Tratado proibiria o ESCB de conceder créditos a qualquer instituição ou país membro da UE, evitando o financiamento de déficits públicos, prejudicial a uma política anti-inflacionária.

O artigo 107 de Maastricht garantiria a independência do BCE e dos bancos centrais nacionais, proibindo os governos dos países membros da UE de influenciá-los em sua política. No final de 2001, por exemplo, o BCE por longo tempo firmou o pé em sua decisão de manter os juros altos na zona do euro, zelando pela manutenção da inflação baixa, apesar dos apelos de governantes e economistas, que advertiam para o risco de recessão.

Segundo o Tratado de Maastricht, o BCE, mesmo independente, teria de prestar contas à opinião pública e a várias instituições da UE. O órgão seria obrigado a apresentar ao Parlamento Europeu, à Comissão Europeia e ao Conselho Europeu um relatório anual sobre suas atividades e sua política monetária.

O BCE também seria o responsável pela emissão de papel-moeda na zona do euro. Só com autorização sua os bancos centrais nacionais poderiam assumir essa função (assim como a de emitir moedas). Isso garantiria o maior controle da quantidade de dinheiro em circulação.

O principal órgão de decisões do Banco seria o Conselho, responsável pelas diretrizes da política monetária e pela fixação da taxa de juro. O Conselho seria formado de um diretório e dos presidentes dos bancos centrais nacionais dos países participantes da união monetária. Membros do diretório seriam representantes das nações pertencentes à Eurolândia, eleitos em comum acordo. Entre eles, seriam escolhidos um presidente e um vice. Todos os membros do diretório teriam mandato de oito anos, sendo proibida a reeleição.

Em junho de 1998, depois de intenso debate sobre sua localização, o BCE acabou sendo instituído em Frankfurt, tradicional centro financeiro da Alemanha. A escolha de Frankfurt – a mesma cidade do banco central alemão – sinalizou para um aspecto importante: assim como o Bundesbank, também o BCE daria prioridade total à estabilidade monetária.

Desde sua fundação, o BCE tem como presidente o holandês Wim Duisenberg, *manager* e político especializado em finanças.

O NÃO DOS EUROPEUS

Quem esperava que o intenso debate em torno de Maastricht acabasse na assinatura do Tratado, em fevereiro de 1992, enganou-se. Como será visto no próximo capítulo, a discussão entre os economistas só veio a esquentar nos anos seguintes, tomando as páginas dos principais órgãos de imprensa e mantendo a opinião pública europeia cética em relação ao projeto euro.

A principal crítica voltava-se para a falta de fundamento científico dos critérios de convergência definidos por Maastricht e para a grande margem de interpretação que eles permitiam. No caso do controle de preços, por exemplo, o Tratado não especifica a forma de cálculo da taxa de inflação, desconsiderando que os países utilizam diferentes métodos ao fazerem esse cálculo.

Não bastassem as imprecisões – frequente tema de reclamação nas páginas dos jornais –, o texto aprovado em Maastricht passou praticamente à margem da opinião pública. O que não surpreendeu, por tratar-se de um documento com mais de 250 páginas, contendo um tratado, 17 protocolos e 33 declarações, todos escritos na mais burocrática das linguagens. Foi nas pesquisas de opinião e em alguns referendos que os europeus mostraram desconhecimento e insegurança ante as novas resoluções que levariam à extinção de suas moedas nacionais.

Em 1992, realizaram-se referendos na Dinamarca, na Irlanda e na França. Os dinamarqueses foram os primeiros a dar um banho de água fria em seus políticos, em junho daquele ano: 50,7% dos consultados disseram "não" ao Tratado. No final do mesmo mês, os euroentusiastas puderam relaxar com os resultados na Irlanda: 69% diriam "sim" a Maastricht. Já em setembro, o Tratado passaria pelo crivo dos franceses, mas de forma apertada (51,5% a favor). Só em maio de 1993, depois de um série de concessões à Dinamarca (entre elas, a de que o país não seria obrigado a entrar na terceira fase da Ueme), a população votaria a favor de Maastricht num novo referendo (56,8%).

O Tratado acabou sendo ratificado em 1993 pelos 12 países que na época formavam a União Europeia (Suécia, Finlândia e Áustria ingressariam na UE só em 1995). Em várias nações, entretanto, a opinião pública continuou pouco convencida, até mesmo às vésperas da chegada do euro como papel--moeda.

3. CHANCES E RISCOS
EUROENTUSIASTAS X EUROCÉTICOS

Até o final do ano passado, nas vésperas da introdução do euro como papel-moeda, ainda se encontravam na imprensa europeia artigos que tratavam das vantagens e desvantagens da nova moeda única. Entre os economistas, tanto os euroentusiastas como os eurocéticos sempre contaram com fortes argumentos para falar, respectivamente, das chances e dos riscos da união monetária europeia, a Ueme. Para os não-especialistas, só resta tentar entender os argumentos dos dois grupos e acompanhar a evolução da Ueme nos próximos anos para ver quem tinha razão.

Teoricamente, são muitas as vantagens da adoção de uma moeda comum europeia e as chances que ela oferece, principalmente para os países de dentro (os chamados *ins*), mas também para os de fora (*outs*) da Eurolândia. Em primeiro lugar, serão aqui relacionadas as vantagens tidas como as mais "evidentes" – se bem que, como será visto no item seguinte, até para algumas delas os eurocéticos oferecem contra-argumentos.

AS VANTAGENS

1. A Ueme deverá promover crescimento e emprego dentro da Eurolândia. Afinal, ela é fruto de condutas econômicas consideradas sadias, exigidas pelos critérios de convergência do Tratado de Maastricht. Através de uma moeda única, o mercado comum europeu não sofrerá mais com as oscilações das taxas de câmbio, dando mais estabilidade à economia da região. Isso deverá impulsionar o comércio interno e favorecer a alocação de recursos e os investimentos dentro da UE. A política rígida de consolidação dos orçamentos públicos e de manutenção de preços estáveis poderá levar a uma queda dos juros a longo prazo, o que também beneficiará investimentos e, consequentemente, fomentará o crescimento e a criação de empregos.

2. Para a maioria das empresas, o euro abrirá as portas para um novo (e enorme) mercado. Afinal, na mesma moeda, os negócios podem ser feitos sem obstáculos.

3. A Ueme trará mais transparência nos preços, pois ficará fácil (ainda mais nos tempos da internet) comparar os preços de uma mercadoria na mesma moeda, sobretudo em países diferentes. A maior transparência acirrará a concorrência no mercado, o que poderá levar até mesmo a uma redução dos preços.

4. A Ueme trará uma diminuição nos custos de transação. Com a adoção de uma moeda comum, deixam de existir taxas de conversão e perdas cambiais delas resultantes. Além disso, operações de seguro contra ris-

cos cambiais (*hedging*) deixarão de ser necessárias. Ficará, enfim, mais fácil economizar, planejar e alocar recursos.

5. O mesmo pode valer para transações da UE com o exterior. Isso depende, porém, de o euro tornar-se moeda forte, impondo-se como meio de pagamento internacional (como é o caso, hoje, do dólar).

6. A Ueme facilitará a vida do turista que viajar pela zona do euro, pois ele não precisará ficar trocando dinheiro sempre que sair de um país para outro.

7. O euro é uma moeda que não se pode fabricar sozinho (este, aliás, é o título de um artigo famoso do economista Olav Sievert,[21] um dos euroentusiastas alemães). Assinando o Tratado de Maastricht, os países que se decidiram pela Ueme abdicaram do direito de produzir e emitir dinheiro – um instrumento que muitos costumam adotar, às vezes de forma indiscriminada, para cobrir seus déficits. Agora é o Banco Central Europeu, uma entidade supranacional, que cuida da emissão de dinheiro, considerando a situação de toda a União Europeia, e não apenas a de um único país.

8. Para países de fora da EU, como o Brasil, um euro forte será outra moeda de referência além do dólar. Vários *outs* poderão adotar o euro nas transações comerciais e tê-lo como reserva cambial (recursos em moedas fortes de que um país dispõe). O euro será, então, uma alternativa ao dólar, principalmente nas épocas em que a moeda americana sofrer grandes oscilações.

9. Através da moeda comum, a Eurolândia terá um dos maiores mercados de capitais do mundo. Por sua introdução como meio de pagamento, o euro será

---

[21] Olav Sievert, "Geld, das Man Nicht Selbst Herstellen Kann". Em: Peter Bofinger, Stephan Collignon e Ernst-Moritz Lipp (Hrg.), *Währungsunion oder Währungschaos?* Wiesbaden: Gabler, 1993; p. 13-24.

uma moeda muito mais líquida do que eram as moedas nacionais, já que circulará numa região muito maior. Um novo centro financeiro, oferecendo ativos líquidos (ações que podem ser convertidas em euros, por exemplo) e estáveis, também interessa aos investidores estrangeiros, inclusive aos americanos.

O economista Jörg M. Winterberg também relaciona argumentos políticos a favor da Ueme,[22] considerados por alguns euroentusiastas tão importantes quanto os econômicos:

1. A Ueme favorecerá a unificação política da Europa. Principalmente, a inserção da Alemanha reunificada nesse processo de integração econômica servirá para dissipar temores, ainda existentes em vários países, de que ela possa "percorrer caminhos políticos excepcionais". A Ueme tornará o processo de integração europeia quase irreversível, consolidando a estabilidade política e a paz na região.

2. A Ueme "coletiviza" a política monetária, diminuindo tensões. Como foi visto no capítulo 1, o marco alemão funcionou por muito tempo como âncora cambial, levando várias nações europeias a seguirem as diretrizes do Bundesbank, o banco central alemão. Isso criou indisposições entre países em várias ocasiões. Contudo, a dominância do Bundesbank foi, com a Ueme, substituída por uma política monetária e cambial comum, que distribui a responsabilidade entre os 12 países da Eurolândia. Para a Alemanha, a garantia de que não sairá perdendo com essa coletivização da política monetária é o compromisso primeiro do Banco Central Europeu com a estabilidade dos preços, o mesmo do Bundesbank.

---

[22] Winterberg, op. cit.; p. 45-6.

OS RISCOS

Quando o Tratado de Maastricht foi assinado, no início de 1992, os economistas foram os que mais gritaram. Seus primeiros argumentos voltavam-se para o fato de o euro ser um projeto mais político que econômico, não tendo os critérios de convergência nenhum fundamento científico. Aqui, segue uma relação dos principais argumentos usados pelos eurocéticos no debate sobre a Ueme.

1. A união econômica da Europa acontece antes de uma união política. Experiências do passado indicam que todas as uniões monetárias realizadas sem um governo central fracassaram.

2. Os critérios de convergência dão margem a várias interpretações, permitindo aos países interessados na Ueme darem "jeitinhos" nos cálculos e obterem bons resultados econômicos.

3. O euro é um projeto de altíssimos custos (para citar um único exemplo, só na Alemanha, 2,4 milhões de máquinas automáticas tiveram de ser adaptadas à nova moeda!). Todos os custos bancários foram cobertos pelos bancos centrais, ou seja, com o dinheiro dos contribuintes.

4. As economias nacionais europeias apresentam diferenças estruturais radicais. Os critérios definidos por Maastricht podem até garantir a convergência monetária, mas não a convergência real das economias nacionais, muito heterogêneas. A política monetária comum, então, não serve para todos os lugares.

5. Doze países europeus optaram pela união monetária antes de terem resolvido problemas econômicos estruturais, como o desemprego, por exemplo. A observação dos critérios de convergência –

principalmente o relacionado ao déficit público – obriga os governos a adotarem uma política de contenção, o que prejudica o crescimento e a criação de empregos e pode levar a região a um processo recessivo. Além disso, caso o euro venha a ser uma moeda fraca, isso poderá causar a fuga de capitais da Eurolândia e a elevação dos juros na região, o que também intimidaria investimentos e eliminaria empregos.

6. Os países europeus sempre contaram com estruturas de financiamento diferentes (sistema bancário, linhas de crédito etc.). Dessa forma, a política monetária comum pode ter efeitos heterogêneos em cada país, trazendo consequências diversas para a comunidade e desestabilizando a nova moeda.

7. Na Ueme, as nações perdem o direito sobre a política monetária e a política cambial, dois instrumentos que podem ser necessários em regiões com evoluções diferentes na economia. A desvalorização de uma moeda ou a alteração nos juros por determinado país podem fazer sentido, por exemplo, no caso dos chamados "choques assimétricos", ou seja, quando um acontecimento qualquer atinge um país de forma mais intensa que os outros. Antes, sem a Ueme, cada país europeu podia reagir a esses choques com uma política monetária diferente. Se a Itália enfrentasse uma crise, por exemplo, ela poderia adotar uma política monetária expansiva, através da redução dos juros e da desvalorização da lira. Essas medidas fomentariam o consumo e a exportação, ajudando a economia do país. Mas agora isso não é possível: só existe uma única moeda, e com ela uma única política monetária, destinada a toda a Eurolândia – o que não torna nada fácil o trabalho do Banco Central Europeu. Se o BCE, por exemplo, tivesse elevado os juros como resposta ao *boom* registrado na Irlanda, em Portugal ou na Espanha

em 2001, ele teria brecado demais as economias dos outros países da Ueme, que apontavam crescimento bem menor.

8. O Pacto de Estabilidade e Crescimento ainda não é suficiente para garantir que os países continuem respeitando os critérios de convergência depois do ingresso na união monetária. Pelo contrário: com a Ueme, um país ameaçado por um déficit excessivo pode relaxar na política orçamentária, já que o problema será dividido com toda a UE.

9. O euro é um projeto colocado em prática cedo demais, antes que a Eurolândia tenha formado uma sólida base econômica e política. Dessa forma, ele significa um risco não só para a estabilidade econômica da região, como também para todo o processo de integração europeia.

OS AMERICANOS CÉTICOS

Os economistas americanos destacaram-se, nos anos 90, como grandes opositores do projeto euro – entre eles estão, só para citar os mais famosos, Rudi Dornbusch, Martin Feldstein, Paul Krugman e Milton Friedman, ganhador do Nobel.[23] O "catastrofista" Martin Feldstein, por exemplo, professor da Universidade de Harvard, é um dos mais citados pelos eurocéticos europeus. Num artigo publicado em 1992 na revista britânica *The Economist* (esta, aliás, também uma grande crítica da

---

[23] Consultar os artigos sobre o euro disponíveis nos sites de Dornbusch (web.mit.edu/rudi/www), Friedman (www-hoover.stanford.edu/bios/friedman.html) e Krugman (web.mit.edu/krugman/www).

moeda única), Feldstein chegou a apelar à União Europeia para que ela abandonasse o projeto euro.[24] Em sua opinião, um mercado comum de bens e serviços que funcionasse não exigiria uma moeda comum. Pelo contrário, dizia o professor: ela traria riscos enormes para a economia e, consequentemente, para a estabilidade política e a paz na região.

A maioria dos eurocéticos americanos vê a união monetária europeia como um projeto meramente político. Paul Krugman definiu bem essa linha de pensamento: "a criação de uma moeda comum é ferozmente defendida pela elite política da Europa, mas por motivos que têm pouco a ver com economia".[25] Os americanos também se baseiam, para sua argumentação, na famosa teoria da "área monetária ideal" (*optimum currency area*, ou OCA), que o canadense Robert Mundell desenvolveu em 1961[26] e pela qual foi premiado com o Nobel em 1999. Nesse estudo, Mundell perguntava-se quais os critérios econômicos que uma região deveria seguir antes de adotar uma moeda comum. Segundo ele, a região que adota uma moeda única pode ser considerada área monetária ideal quando aponta desenvolvimentos mais ou menos homogêneos, por exemplo, nos itens produtividade, salários e preços, ou quando dispõe de uma força de trabalho móvel o suficiente, que se desloque de um ponto para outro em épocas de crise. Os critérios homogeneidade e mobilidade tornariam mais fácil, assim, a superação de possíveis choques assimétricos.

---

[24] Martin Feldstein, "The Case Against EMU". Em: *The Economist*, 13/6/1992; p. 19-22.
[25] Paul Krugman, *Currencies and Crises*. Cambridge (Mass.)/London: MIT Press, 1992; p. 202.
[26] Robert Mundell, "A Theory of Optimum Currency Areas". Em: *American Economic Review*, 51, 1961; p. 657-65.

Valendo-se da OCA de Mundell, é fácil concluir – como fazem os economistas americanos – que a Eurolândia está longe de ser uma área monetária ideal. No ano 2000, por exemplo, o índice de desemprego na Espanha ultrapassava os 14%, enquanto na Holanda ele estava pouco abaixo dos 3%. Seguindo a teoria do economista canadense, esse desequilíbrio poderia ser compensado pela migração de espanhóis para os Países Baixos – o que, obviamente, não aconteceu. Além disso, nem mesmo um país como a Alemanha se encaixaria no modelo desenvolvido por Mundell, tamanha a diferença entre suas regiões.

Quando Mundell elaborou sua teoria, a economia mundial não estava tão sujeita à instabilidade das taxas de câmbio como acontece hoje – e é esta a principal vantagem do euro, admitida até pelos eurocéticos: o fim das oscilações cambiais. Curiosamente, para completar a história, o próprio Mundell sempre foi um grande defensor da união monetária não só da Europa, como também do mundo inteiro.[27]

A POLÊMICA NA EUROPA

Jörg M. Winterberg também abordou um aspecto interessante do debate sobre o euro, na década de 90:

> Na discussão sobre as vantagens e desvantagens da União Econômica e Monetária Europeia, surgem coalizões surpreendentes. Entre os defensores, en-

---

[27] Artigos sobre o assunto encontram-se no site de Mundell (www.columbia.edu/~ram15).

contram-se empresários ao lado de representantes sindicais, muitos políticos e poucos economistas, enquanto do lado dos céticos a discussão é dominada por cientistas econômicos, apoiada por uma série de políticos eurocéticos e acompanhada por cidadãos compreensivelmente apreensivos.[28]

Realmente, foram os políticos os que mais festejaram a nova moeda na maioria dos países europeus, sobretudo naqueles que tirariam mais vantagens da união monetária, como é o caso da Itália, Portugal e Espanha. Mas também na Alemanha o espectro dos políticos euroentusiastas incluiu desde o Partido Verde até a conservadora CDU, a União Democrata-Cristã – o que, no caso dessa última, não é uma surpresa, já que um de seus maiores líderes, o ex-premiê Helmut Kohl, foi um dos pais do projeto. Só os partidos mais nacionalistas se puseram contra a moeda única, tendência também verificada na França e em outros lugares. Já os economistas e intelectuais europeus ficaram divididos nessa discussão. Entre os eurocéticos – vindos principalmente dos países cuja população mostrou certa reserva ante o projeto, como a Alemanha e a França –, não faltaram manifestos, abaixo-assinados e até uma ação judicial contra a introdução da nova moeda.

"ILUSÃO ECONÔMICA"

Na França, a discussão em torno do euro deu-se, em parte, dentro de um grande debate sobre globalização,

---

[28] Winterberg, op. cit.; p. 45.

que aconteceu no final dos anos 90 e do qual participaram não só economistas e políticos, mas também escritores e intelectuais. Destes, o mais polêmico foi o sociólogo, antropólogo e historiador Emmanuel Todd, que em *L'Illusion Économique* atacou a união monetária da forma mais enfática: chamou de "moeda autoritária" o euro e de "obsessão" o desejo de integração europeia. Nesse livro-ensaio sobre a estagnação das sociedades desenvolvidas,[29] escrito em 1998, Todd afirma que a Europa passa por uma crise e que esta não é econômica, mas sim social, cultural e antropológica. Ele faz, entre outras coisas, uma interessante análise demográfica de alguns países europeus, concluindo que as grandes diferenças registradas nesse campo exigiriam políticas econômicas diferentes, e não convergentes, ao contrário do que prevê o Tratado de Maastricht – senão, diz o sociólogo, as tensões entre eles só tenderão a aumentar, trazendo perigos à democracia.[30]

Todd vê riscos na aplicação de critérios de convergência em economias de naturezas distintas: "Se as nações são de naturezas distintas e cada uma delas precisa de seu estilo monetário, a convergência só poderá ser nociva àquelas que tiverem de lutar contra sua própria natureza".[31] Finalmente, o sociólogo denuncia a falta de consciência coletiva na Europa:

> As eleições para as instituições pan-européias mostram bem esse lento movimento ideológico. A [alta] taxa de abstenção, maciça em nível continental, indica a inexistência de uma consciên-

---

[29] Emmanuel Todd, *L'Illusion Économique*. Paris: Gallimard, 1998.
[30] Id., ibid.; p. 248.
[31] Id., ibid.; p. 237.

cia coletiva europeia. A indiferença dos povos, assim como as perspectivas sombrias da economia, aponta para a fraqueza do euro. Não há moeda sem Estado, não há Estado sem nação, não há nação sem consciência coletiva.[32]

Ex-comunista, Todd já era um crítico feroz do neoliberalismo. Com *L'Illusion Économique*, ele partiu para cima da esquerda e de sua euforia em torno da Europa.

NO BANCO DOS RÉUS

Na Alemanha, a polêmica teve seu auge em 1998, quando três economistas e um jurista, todos de renome, foram à Justiça tentar barrar o projeto euro. No dia 12 de janeiro daquele ano, cercados por jornalistas do mundo inteiro, os economistas Wilhelm Hankel (Universidade de Frankfurt), Wilhelm Nölling (Universidade de Hamburgo) e Joachim Starbatty (Universidade de Tübingen) e o jurista Karl Albrecht Schachtschneider (Universidade de Erlangen-Nuremberg) entraram com uma ação junto ao Supremo Tribunal Federal da Alemanha, na cidade de Karlsruhe, tentando impedir, ou pelo menos adiar, a introdução do euro no país.

A ação era baseada num extenso relatório, no qual os quatro professores expunham seus argumentos (assim como os de seus colegas americanos). Para eles, a Ueme estaria sendo realizada cedo demais: não

---

[32] Id., ibid., p. XXI.

havia os fundamentos políticos necessários, e as economias eram muito heterogêneas. Na opinião dos especialistas, o euro seria muito mais fraco que o marco alemão, pois faltava aos demais países europeus a confiança que os alemães sempre tiveram em sua moeda. Ante os riscos do euro, concluíam, os políticos estariam ferindo os direitos fundamentais dos alemães.

O grupo perdeu a ação, mas esta desencadeou um enorme debate no país, caracterizado por uma série de manifestos e abaixo-assinados na imprensa. Além disso, o processo entrou na história como "a primeira tentativa séria de barrar o início da união monetária na Alemanha"[33] e, publicado em livro, tornou-se um *best-seller*.[34]

---

[33] "Vier Gegen den Euro". Em: *Der Spiegel*, 12/1/1998; p. 28.
[34] Wilhelm Hankel, Wilhelm Nölling, Karl Albrecht Schachtschneider e Joachim Starbatty, *Die Euro-Klage – Warum die Währungsunion Scheitern Muss*. Reinbek bei Hamburg: Rowohlt, 1998.

4. MODO DE USAR

Desde 1º de janeiro de 2002, cerca de 15 bilhões de notas e 50 bilhões de moedas de euros estão circulando nos 12 países que formam a Eurolândia e em alguns "agregados" de dentro e de fora do continente europeu, como o Vaticano, San Marino, Mônaco, Andorra e algumas ex-colônias ultramarinas francesas.[35] O euro também foi declarado meio de pagamento oficial de Montenegro e Kosovo, na região dos Bálcãs, se bem que lá ele circule ao lado de outras moedas.

Contudo, alguns países europeus de fora da Ueme vêm fazendo questão de dar a seus cidadãos e turistas um pouco do "sentimento" da moeda única. Na Dinamarca e na Suíça, por exemplo, vários restaurantes e

---

[35] É o caso dos departamentos franceses de Guadalupe e Martinica (Caribe), Reunião (Índico) e Guiana Francesa, assim como das corporações territoriais de Saint-Pierre e Miquelon (costa leste do Canadá) e Mayotte (Índico).

hotéis aceitam pagamentos em euros. Na Grã-Bretanha, máquinas automáticas também trabalham com a nova moeda comum.

O NOME E A APARÊNCIA

Foi no final do ano de 1995 que o Conselho Europeu se decidiu pelo nome "euro" para a nova moeda única. Projetado pelo alemão Arthur Eisenmenger 30 anos atrás, o sinal € tem várias simbologias: ele combina a letra grega epsílon (numa referência à Grécia, berço da civilização europeia), a letra E (de "Europa") e dois traços paralelos, significando estabilidade.

As cédulas, idênticas em todos os países participantes da união econômica e monetária, são de 5, 10, 20, 50, 100, 200 e 500 euros. Cada uma delas destaca uma época da história cultural europeia, trazendo elementos arquitetônicos de diferentes estilos. As sete notas são de fácil manuseio, pois têm tamanhos e cores diversos. Quanto maior seu tamanho, maior seu valor.

As moedas são de oito tipos: 1, 2, 5, 10, 20 e 50 centavos, assim como de um e dois euros. Diferentemente das cédulas, as moedas não são iguais em todos os países da Eurolândia. Para todas, porém, vale a seguinte regra: as faces anteriores são padronizadas, enquanto os reversos trazem símbolos típicos do país onde as moedas foram produzidas (alguns países adotaram, para cada moeda, um reverso diferente; outros adotaram um único reverso para as oito moedas). A moeda de um euro produzida na Espanha, por exemplo, traz estampado o retrato do rei Juan Carlos. A mesma moeda produzida na Itália traz o desenho "O Homem Vitruviano", de Leonardo da Vinci. Na Eurolândia circulam, então, 96 moedas com 45 reversos variados – o importante é que elas valem não apenas nos países onde foram produzidas, mas em todos que integram a Ueme.

O euro é tido como o dinheiro mais "seguro" do mundo, ou seja, o menos suscetível a falsificações. Suas cédulas foram dotadas com as mais modernas marcas de segurança, como hologramas, filigranas e impressão em relevo. Já as moedas de um e dois euros contêm elementos de ouro, cobre e níquel, o que também torna difícil a produção de réplicas.

As cédulas do euro e suas principais características			
Valor em euros	Cor	Medidas	Motivo estampado
5	Cinza	120 x 62 mm	Clássico
10	Vermelha	127 x 67 mm	Românico
20	Azul	133 x 72 mm	Gótico
50	Laranja	140 x 77 mm	Renascentista
100	Verde	147 x 82 mm	Barroco e rococó
200	Marrom-amarelada	153 x 82 mm	Construções de ferro e vidro
500	Lilás	160 x 82 mm	Arquitetura moderna do séc. 20

Fonte: Deutsche Bundesbank

A CONVERSÃO

No dia 31 de dezembro de 1998, véspera da introdução do euro no mercado financeiro, foram fixadas definitivamente as taxas de conversão de 11 moedas nacionais europeias (só em 2001 a Grécia seria admitida na Eurolândia). Há três anos, então, essas taxas não sofrem flutuações e servem, até hoje, para fazer a conversão.

A tabela abaixo mostra o valor de 1 euro em cada uma das 12 moedas nacionais.

Alemanha	1,95583 marcos alemães
Áustria	13,7603 xelins
Bélgica	40,3399 francos belgas
Espanha	166,386 pesetas
Finlândia	5,94573 marcos finlandeses
França	6,55957 francos franceses
Grécia	340,750 dracmas
Holanda	2,20371 florins
Irlanda	0,787564 libra irlandesa
Itália	1.936,27 liras italianas
Luxemburgo	40,3399 francos luxemburgueses
Portugal	200,482 escudos

Na hora do cálculo, aconselha-se empregar a taxa de conversão completa, pois arredondar o valor implica uma série de imprecisões. Mil francos franceses, por exemplo, valem 152,44902 euros (ou, para viabilizar a troca, 152,44).

Pela tabela acima, percebe-se que os alemães tiveram mais sorte na conversão, porque precisaram apenas duplicar o preço em euros de uma mercadoria para ter o valor aproximado em marcos. Já os austríacos e os espanhóis, até se acostumarem à nova moeda, não puderam sair às compras sem uma calculadora...

As taxas fixadas na véspera do nascimento da nova moeda comum também valeram para o cálculo de salários e contratos, que, em 1º de janeiro de 2002, foram convertidos automaticamente em euros. A passagem para o euro não pressupôs, como muitos europeus temiam, alterações nos salários e nos contratos de seguro ou aluguel – estas só foram admitidas no caso de acordo entre as partes.

O mesmo valeu para os preços – ou seja, os comerciantes europeus não deveriam aumentar os preços na hora da conversão. Mas isso, infelizmente, acabou acontecendo em vários países. Na Alemanha, por exemplo, como o valor em euros é praticamente a metade do valor em marcos, os preços de várias mercadorias foram corrigidos para cima, sem que o consumidor percebesse.

A TROCA

Para trocar o dinheiro velho pelo novo, não foi necessário correr aos bancos. Ao ser introduzido como papel-moeda, o euro circulou ao lado das moedas nacionais entre quatro e oito semanas. Nesse período, além dos bancos, os próprios estabelecimentos comerciais se encarregaram da troca: quem fez em Paris compras em francos, por exemplo, recebeu o troco em euros.

A partir de 1º de março, passado o período de dupla circulação, o euro tornou-se a única moeda corrente na Eurolândia. Entretanto, aqueles que ainda tiverem restos de cédulas e moedas das 12 antigas unidades monetárias europeias poderão trocá-los nas filiais dos bancos centrais europeus, por tempo indeterminado e sem cobrança de taxas. Em alguns bancos privados, a troca só é possível pagando-se taxa.

CONCLUSÃO
O *FUTURO*

Se no debate sobre o euro as divergências entre euroentusiastas e urocéticos foram grandes, em pelo menos um aspecto parece ter havido concordância: é preciso tempo – anos ou mesmo décadas – para concluir se a nova moeda comum europeia deu certo ou não. Independentemente do que acontecer, porém, o euro é um projeto praticamente sem retorno, tamanho o trabalho que seria voltar às velhas moedas nacionais.

Como foi visto ao longo deste livro, o euro é resultado de décadas de debate e negociação. Os critérios impostos por Maastricht podem não ser ideais, como afirmam os eurocéticos, mas eles parecem rígidos o suficiente para impor disciplina e dar credibilidade aos países participantes da união monetária. Além disso, com ou sem as sanções previstas pelo Pacto de Estabilidade, o bom funcionamento da Ueme dependerá não só da confiança que o euro adquirir dentro e fora do continente (como bem afirmou o chefe do Banco Central de Luxemburgo, "a moeda precisa ganhar *status*"), mas também da vontade de cooperação entre os países que formam a Eurolândia – e só com tendências suicidas os chefes de 12 países europeus entrariam num projeto dessa ordem sem acreditar em seus benefícios e colaborar para seu sucesso.

UM CURTO BALANÇO

O euro teve um começo difícil. Desde 1999, quando foi instituído no mercado financeiro, até o final de 2001, a nova moeda perdeu mais de 20% de seu valor em relação ao dólar – fenômeno que só deu fôlego aos eurocéticos e tornou a opinião pública europeia ainda mais insegura ante a chegada do euro como papel-moeda.

Em parte afetada pela crise nos EUA, a economia da Eurolândia apontou tendências que decepcionaram até os euroentusiastas. A economia da região vem crescendo, porém mais lentamente que o esperado (em 2001, a zona do euro cresceu 1,6%; os EUA, 1,2%).

Nos três primeiros anos de existência do euro como moeda virtual, os 12 países da Eurolândia ainda mantiveram políticas orçamentárias muito distintas. Mas eles conseguiram manter a disciplina exigida pelo Tratado de Maastricht, reduzindo seus déficits para menos de 3% do PIB e, em alguns casos, até registrando superávits (só para comparar, em 1995 os déficits dos países da UE estavam em torno de 6% do PIB). O curioso é que, diferentemente do que diziam os eurocéticos sobre a pouca seriedade dos países da Europa meridional no combate ao déficit público, foi a rígida Alemanha que registrou, em 2001, um dos maiores buracos no orçamento (déficit em torno de 2,5% do PIB), ameaçando o Pacto de Estabilidade.

Por outro lado, a Eurolândia tornou-se líder no comércio internacional, responsável por 28,7% das exportações no mundo. Com uma participação de 16% no PIB mundial, a zona do euro também é a segunda maior região econômica do mundo, atrás dos EUA (somando os países da União Europeia que ficaram de fora da Ueme, o PIB praticamente se iguala ao americano).

Apesar de pouco percebida pelo consumidor comum, a integração do mercado financeiro europeu, no qual a circulação de capitais e as aplicações acontecem sem obstáculos, também foi importante para a economia da Eurolândia. Cobrindo uma área com mais de 300 milhões de consumidores, o euro tornou-se a única moeda capaz de competir com o dólar, de uma forma que o iene japonês e o marco alemão jamais conseguiram.

Entretanto, o dólar continua sendo a moeda das transações cambiais (hoje, 80% delas envolvem a moeda americana) e das reservas internacionais (68,2% em dólar; 12,7% em euro; 5,3% em iene). Levará tempo até o euro se impor – no começo do século passado, por exemplo, o dólar precisou de décadas para substituir a libra esterlina como moeda forte nas transações comerciais.

Apesar de sua declarada desconfiança, os europeus festejaram nas ruas a chegada do euro como papel-moeda. As inúmeras filas nas casas de câmbio e nos bancos, registradas nas primeiras 48 horas deste ano, mostraram pelo menos a curiosidade da população em relação à nova moeda e sua disposição de colocá-la na carteira o quanto antes. Tanto que, em menos de duas semanas, quando era ainda permitida a dupla circulação, os consumidores passaram a pagar suas compras predominantemente com euros.

A AMPLIAÇÃO DA EUROLÂNDIA

A Eurolândia poderá crescer ainda mais já nesta primeira década do século 21. Além da Dinamarca e Grã-Bretanha, que optaram por ficar fora da Ueme, mas que no futuro podem eventualmente decidir-se pela adoção do euro, outros 13 países, localizados no centro e no leste do continente, candidataram-se à União Europeia, também com a esperança de um dia fazerem parte da Eurolândia: Bulgária, Estônia, Letônia, Lituânia, Malta, Chipre, Polônia, Romênia, Eslováquia, Eslovênia, República Checa, Hungria e Turquia.

O processo de ampliação da UE para o Leste Europeu, área que ainda se encontra em fase de transição para a economia de mercado, será longo e difícil. A opinião pública da Europa ocidental vê com reservas a inclusão dos países da Europa oriental na UE e, futuramente, na Eurolândia. Para os europeus-ocidentais, o Leste ofereceria mão-de-obra barata, o que poderia acirrar o problema do desemprego na Eurolândia. Além disso, eles temem pela estabilidade da nova moeda comum.

Para o ingresso na UE, os países do Leste deverão cumprir uma série de critérios econômicos e políticos que já vêm, há anos, tentando alcançar (uns com mais sucesso que outros). Admitidos na UE, esses países ainda passarão por um "período de experiência", até começarem a adotar o mecanismo cambial previsto pelo Sistema Monetário Europeu II (que define para as moedas nacionais uma faixa de oscilação de +/-15% em relação ao euro). Só dois anos depois, será verificado o cumprimento dos rígidos critérios de Maastricht, para aí decidir-se o eventual ingresso na Eurolândia.

Desde a derrocada do socialismo no Leste Europeu, no final dos anos 80, a região vem se tornando um pólo de investimentos para vários países da UE. O comércio da Alemanha com essa área, por exemplo, superou nos últimos anos um volume de US$ 100 bilhões, maior que o registrado com os EUA.

A UNIÃO POLÍTICA

Acredita-se que a união econômica e monetária europeia fomentará a integração política do continente. Agora que a última fase da Ueme está concretizada, através da introdução do euro como papel-moeda, os políticos europeus vêm discutindo os próximos passos para a eventual união política das nações que formam a UE.

A proposta do premiê alemão, o social-democrata Gerhard Schroeder, de dar à UE uma Constituição própria, e ao Parlamento Europeu mais poderes, ainda conta com a resistência de vários países – como a Grã-Bretanha, que prefere manter a Europa como uma união de Estados nacionais. Mas é consenso entre os governantes que o processo de integração (e ampliação) deve continuar.

Para concluir, o historiador e jornalista britânico Timothy Garton Ash deu em 1999, ano da introdução do euro no mercado financeiro, uma declaração que resume bem a história da integração europeia:

> Nenhum outro continente elaborou tantos planos para uma unificação sistemática. O problema é que os planos para uma unificação europeia pacífica nunca foram executados, e aqueles exe-

cutados não foram pacíficos. O esforço de unificar a Europa, como foi feito depois de 1945, diferenciou-se de todos os outros no sentido de que foi tanto pacífico como executado.[36]

---

[36] Citado pelo primeiro-ministro da Bélgica, Guy Verhofstadt, no prefácio do *Euro Guide – Yearbook of the Institutions of the European Union*. Bruxelles: Éditions Della, 2001; p. 5.

APÊNDICE
MAPA E GRÁFICOS

A UNIÃO EUROPEIA, A EUROLÂNDIA E OS "CANDIDATOS"

Apêndice 71

FINLÂNDIA

ESTÔNIA
LETÔNIA
LITUÂNIA

☐ 15 países que formam a União Europeia

▨ 12 países da Eurolândia (usam o Euro como moeda)

■ Países "candidatos" à União Europeia

LOVÁQUIA

IA

ROMÊNIA

BULGÁRIA

Mar Negro

GRÉCIA

TURQUIA

CHIPRE

r Mediterrâneo

A economia da Eurolândia (prognóstico para 2002)				
País	População (em milhões)	Crescimento do PIB (em %, comparando com o ano anterior)	Desemprego (em % da força de trabalho)	Déficit público/ superávit (em % do PIB)
Alemanha	82,1	1,3	7,8	-2,0
Áustria	8,1	2,0	3,9	-1,1
Bélgica	10,7	2,0	6,8	-0,2
Espanha	39,4	2,2	12,7	-0,5
Finlândia	5,1	1,5	9,4	1,0
França	58,9	1,9	8,5	-2,5
Grécia	10,5	2,7	10,5	-0,7
Holanda	15,7	2,0	2,8	-0,3
Irlanda	3,6	4,5	4,0	2,0
Itália	57,3	1,6	9,6	-2,3
Luxemburgo	0,4	4,5	2,4	3,0
Portugal	9,9	2,0	4,5	-1,9

Fonte: *Die Zeit*

Participação na economia mundial (em %)			
	Eurolândia	EUA	Japão
População	5,0	4,6	2,1
PIB	16,0	22,0	7,3
Exportação	28,7	14,2	7,0

Fonte: FMI

As moedas do euro

74 O Euro

As cédulas do euro

Apêndice 75

BIBLIOGRAFIA E SITES

DOCUMENTOS, LIVROS E ARTIGOS

São inúmeros os estudos e artigos sobre o euro. O que segue tem caráter apenas de orientação, indicando os principais documentos sobre a origem e funcionamento da união monetária europeia, as revistas especializadas e alguns textos acadêmicos que nos anos 90 nortearam a polêmica sobre o euro, assim como livros e artigos curiosos, não necessariamente econômicos.

Fontes

Comissão Europea, *Compilação dos Tratados*. Luxemburgo: Serviço das Publicações Oficiais das Comunidades Europeias, 1999.

Comissão Europea, *Relatório Sobre a Situação de Convergência e Respectiva Recomendação com Vista à Passagem à Terceira Fase da UEM*. Luxemburgo: Serviço das Publicações Oficiais das Comunidades Europeias, 1998.

Committee for the Study of Economic and Monetary Union, *Report on Economic and Monetary Union in the European Community* [o *Relatório Delors*]. Luxemburgo: Serviço das Publicações Oficiais das Comunidades Europeias, 1989.

European Central Bank, *The Monetary Policy of the ECB*. Frankfurt: ECB, 2001.

Revistas Especializadas

Journal of Common Market Studies. Oxford/Boston: Blackwell Publishers.

Journal of European Integration/Revue d'Intégration Européenne. Malaysia: Harwood Academic Publishers.

Para Entender o Euro

Emmanuel Apel, *European Monetary Integration*. London/New York: Routledge, 1998.

The Economist, "Nova Moeda Muda Muito, mas Não É Tudo". Em: *Valor Econômico*, 4/12/2001.

"The *Financial Times* Guide to Euro". Em: *Financial Times*, 15/11/2001.

Paul de Grauwe, *Economics of Monetary Union*. New York: Oxford University Press, 2000.

Horst Ungerer, *A Concise History of European Monetary Integration*. Westport/London: Quorum, 1997.

Ralf Zeppernick, O Euro: Experiências e Perspectivas de Integração. Em: *Cadernos Adenauer*, 2. São Paulo: Konrad-Adenauer-Stiftung, 2001; p. 89-101.

Para Entender a Polêmica

The Economist, "Um Euro Global: Essa Ideia Faz Sentido?". Em: *Valor Econômico*, 31/7/2001.

Martin Feldstein, "The Case Against EMU". Em: *The Economist*, 13/6/1992; p. 19-22.

Paul R. Krugman, *Currencies and Crises*. Cambridge (Mass.)/London: MIT Press, 1992.

Robert Mundell, "A Theory of Optimum Currency Areas". Em: *American Economic Review*, 51, 1961; p. 657-65.

Emmanuel Todd, *L'Illusion Économique*. Paris: Gallimard, 1998.

Jörg M. Winterberg, "O Debate Sobre a União Econômica e Monetária Europeia". Em: *Pesquisas*, 9. São Paulo: Konrad-Adenauer-Stiftung, 1997.

Uwe Wittstock (Hrg.), *Ade, Ihr Schönen Scheine*. München: Deutscher Taschenbuch, 2001. [Intelectuais europeus despedem-se de suas moedas nacionais.]

O Euro e a América Latina

Diva Pinho, "Euro Versus Dólar... E o Real?". Em: *Informações Fipe,* São Paulo, 221, 1999; p. 16-20.

Eduardo Levy Yeyati e Federico Sturzenegger, "The Euro and Latin America: Is EMU a Blueprint for Mercosur?". Em: *Cuadernos de Economía*. Santiago, Pontifícia Universidad Católica de Chile, 110, 2000; p. 63-99.

Sobre o Debate na Alemanha

Peter Bofinger, Stephan Collignon e Ernst-Moritz Lipp (Hrg.), *Währungsunion oder Währungschaos?* Wiesbaden: Gabler, 1993. [Reúne artigos contra e a favor do euro, assim como manifestos lançados pela comunidade econômica alemã no início dos anos 90.]

Wilhelm Hankel, Wilhelm Nölling, Karl Albrecht Schachtschneider e Joachim Stabatty, *Die Euro-Klage – Warum die Währungsunion Scheitern Muss*. Reinbek bei Hamburg: Rowohlt, 1998. [Os autores da ação movida contra a introdução do euro contam a história dessa briga judiciária e explicam seus argumentos.]

Theresia Theurl, *Eine Gemeinsame Währung für Europa – 12 Lehren aus der Geschichte*. Innsbrück: Österreichischer Studien Verlag, 1992. [Explica as uniões monetárias feitas nos séculos passados na Europa e, a partir delas, analisa as chances do projeto euro.]

SITES

www.euro.ecb.int
Site oficial do euro. Traz a história da nova moeda e tira, num link de serviço, todas as dúvidas referentes a troca, conversão, contratos etc. Pode ser acionado também em português.

www.ecb.de
Site do Banco Central Europeu. Explica em várias línguas as funções da instituição e traz uma relação de suas publicações, assim como as cotações atuais do euro.

www.europa.eu.int
Site oficial da União Europeia, que também pode ser acionado em português. Além da posição da UE sobre os principais temas da atualidade, oferece uma cronologia, a história, o funcionamento de suas instituições e vários documentos que determinaram o processo de integração da Comunidade Europeia, entre eles uma compilação dos Tratados de Roma e Maastricht.

www.ci.uc.pt/cdeuc/cdeuc.htm
Site do Centro de Documentação Europeia da Universidade de Coimbra, que traz a tradução dos principais documentos sobre a história da UE, assim como uma relação de teses, em português, sobre temas da Comunidade Europeia.

www.iue.it
Site do Instituto Universitário Europeu, em Florença, que também apresenta uma relação de estudos e teses sobre temas europeus, em várias línguas.

www.euroscanner.com
Pesquisa na internet todos os sites relativos ao euro.

SOBRE A AUTORA

Silvia Bittencourt formou-se em jornalismo pela Escola de Comunicações e Artes da USP. Trabalhou cinco anos na *Folha de S. Paulo*, tendo sido repórter e correspondente do jornal em Frankfurt. Estudou história na Universidade de Colônia e na Universidade Livre de Berlim. Vive há 17 anos na Alemanha, onde trabalha como jornalista e tradutora.

FOLHA
EXPLICA

Folha Explica é uma série de livros breves, abrangendo todas as áreas do conhecimento e cada um resumindo, em linguagem acessível, o que de mais importante se sabe hoje sobre determinado assunto.

Como o nome indica, a série ambiciona *explicar* os assuntos tratados. E fazê-lo num contexto brasileiro: cada livro oferece ao leitor condições não só para que fique bem informado, mas para que possa refletir sobre o tema, de uma perspectiva atual e consciente das circunstâncias do país.

Voltada para o leitor geral, a série serve também a quem domina os assuntos, mas tem aqui uma chance de se atualizar. Cada volume é escrito por um autor reconhecido na área, que fala com seu próprio estilo. Essa enciclopédia de temas é, assim, uma enciclopédia de vozes também: as vozes que pensam, hoje, temas de todo o mundo e de todos os tempos, neste momento do Brasil.

1	MACACOS	Drauzio Varella
2	OS ALIMENTOS TRANSGÊNICOS	Marcelo Leite
3	CARLOS DRUMMOND DE ANDRADE	Francisco Achcar
4	A ADOLESCÊNCIA	Contardo Calligaris
5	NIETZSCHE	Oswaldo Giacoia Junior
6	O NARCOTRÁFICO	Mário Magalhães
7	O MALUFISMO	Mauricio Puls
8	A DOR	João Augusto Figueiró
9	CASA-GRANDE & SENZALA	Roberto Ventura
10	GUIMARÃES ROSA	Walnice Nogueira Galvão
11	AS PROFISSÕES DO FUTURO	Gilson Schwartz
12	A MACONHA	Fernando Gabeira
13	O PROJETO GENOMA HUMANO	Mônica Teixeira
14	A INTERNET	Maria Ercilia
15	2001: UMA ODISSEIA NO ESPAÇO	Amir Labaki
16	A CERVEJA	Josimar Melo
17	SÃO PAULO	Raquel Rolnik
18	A AIDS	Marcelo Soares
19	O DÓLAR	João Sayad
20	A FLORESTA AMAZÔNICA	Marcelo Leite
21	O TRABALHO INFANTIL	Ari Cipola
22	O PT	André Singer
23	O PFL	Eliane Cantanhêde
24	A ESPECULAÇÃO FINANCEIRA	Gustavo Patu

#	Título	Autor
25	JOÃO CABRAL DE MELO NETO	João Alexandre Barbosa
26	JOÃO GILBERTO	Zuza Homem de Mello
27	A MAGIA	Antônio Flávio Pierucci
28	O CÂNCER	Riad Naim Younes
29	A DEMOCRACIA	Renato Janine Ribeiro
30	A REPÚBLICA	Renato Janine Ribeiro
31	RACISMO NO BRASIL	Lilia Moritz Schwarcz
32	MONTAIGNE	Marcelo Coelho
33	CARLOS GOMES	Lorenzo Mammì
34	FREUD	Luiz Tenório Oliveira Lima
35	MANUEL BANDEIRA	Murilo Marcondes de Moura
36	MACUNAÍMA	Noemi Jaffe
37	O CIGARRO	Mario Cesar Carvalho
38	O ISLÃ	Paulo Daniel Farah
39	A MODA	Erika Palomino
40	ARTE BRASILEIRA HOJE	Agnaldo Farias
41	A LINGUAGEM MÉDICA	Moacyr Scliar
42	A PRISÃO	Luís Francisco Carvalho Filho
43	A HISTÓRIA DO BRASIL NO SÉCULO 20 (1900-1920)	Oscar Pilagallo
44	O MARKETING ELEITORAL	Carlos Eduardo Lins da Silva
45	O EURO	Silvia Bittencourt
46	A CULTURA DIGITAL	Rogério da Costa
47	CLARICE LISPECTOR	Yudith Rosenbaum

48	A MENOPAUSA	Silvia Campolim
49	A HISTÓRIA DO BRASIL NO SÉCULO 20 (1920-1940)	Oscar Pilagallo
50	MÚSICA POPULAR BRASILEIRA HOJE	Arthur Nestrovski (org.)
51	OS SERTÕES	Roberto Ventura
52	JOSÉ CELSO MARTINEZ CORRÊA	Aimar Labaki
53	MACHADO DE ASSIS	Alfredo Bosi
54	O DNA	Marcelo Leite
55	A HISTÓRIA DO BRASIL NO SÉCULO 20 (1940-1960)	Oscar Pilagallo
56	A ALCA	Rubens Ricupero
57	VIOLÊNCIA URBANA	Paulo Sérgio Pinheiro e Guilherme Assis de Almeida
58	ADORNO	Márcio Seligmann-Silva
59	OS CLONES	Marcia Lachtermacher-Triunfol
60	LITERATURA BRASILEIRA HOJE	Manuel da Costa Pinto
61	A HISTÓRIA DO BRASIL NO SÉCULO 20 (1960-1980)	Oscar Pilagallo
62	GRACILIANO RAMOS	Wander Melo Miranda
63	CHICO BUARQUE	Fernando de Barros e Silva
64	A OBESIDADE	Ricardo Cohen e Maria Rosária Cunha

65	A REFORMA AGRÁRIA	Eduardo Scolese
66	A ÁGUA	José Galizia Tundisi e Takako Matsumura Tundisi
67	CINEMA BRASILEIRO HOJE	Pedro Butcher
68	CAETANO VELOSO	Guilherme Wisnik
69	A HISTÓRIA DO BRASIL NO SÉCULO 20 (1980-2000)	Oscar Pilagallo
70	DORIVAL CAYMMI	Francisco Bosco
71	VINICIUS DE MORAES	Eucanaã Ferraz
72	OSCAR NIEMEYER	Ricardo Ohtake
73	LACAN	Vladimir Safatle
74	JUNG	Tito R. de A. Cavalcanti
75	O AQUECIMENTO GLOBAL	Claudio Angelo
76	MELANIE KLEIN	Luís Claudio Fiqueiredo e Elisa Maria de Ulhôa Cintra
77	TOM JOBIM	Cacá Machado
78	MARX	Jorge Grespan

Este livro foi composto nas fontes
Bembo e Geometric 415 e impresso em
outubro de 2008 pela Corprint,
sobre papel offset 90 g/m^2.